Sindicalismo en tiempos borrascosos
Unión Nacional de Trabajadores

Radamés Acosta

Derechos exclusivos
Radamés Acosta Cepeda

Sindicalismo en tiempos borrascosos
Unión Nacional de Trabajadores

Edición y portada: ángel m. agosto

ISBN: 9781511463331

Colección Testimonio
Apartado Postal 1393
Río Grande, Puerto Rico 00745
lustrodegloria@gmail.com
www.lacasaeditoradepuertorico.simplesite.com/

Hecho en Puerto Rico
Primera edición, 2015
Segunda Edición, marzo de 2022

Sindicalismo en tiempos borrascosos
Unión Nacional de Trabajadores

Radamés Acosta

LA CASA EDITORA
de Puerto Rico

A Carmen Sampson,
Por caminar junto a mí en estos procesos.
Sin ti hubiera sido más difícil.

...y a todos (as) los sindicalistas que se enfrentaron
A la adversidad en esta década gloriosa
E igualmente difícil
Esperando que el encuentro de este pasado
Con este presente
Nos sirva de experiencia educativa,
Sobre todo, a nuestras nuevas generaciones.

Contenido

Nota del editor

Radamés Acosta

En algún momento hace unos cuarenta y cinco años acudí a una reunión en un condominio de nombre Francia, en Hato Rey. Salí temprano, pues soy del campo y me desoriento en el área metropolitana. El lugar lo encontré sin problemas, pues en la acera de la entrada había un grupo de personas esperando. Esperaban por el dueño del apartamento. Me uní al grupo mientras siguieron en su conversación animada y sin que mi presencia les llamara la atención, a pesar de que ninguno me conocía. La mayoría eran "personas mayores", según mi perspectiva de entonces.

Muy pronto llegaría Luis Escribano, abogado recién graduado y el único al que conocía, militamos juntos en la FUPI. Luis tenía las llaves. En el instante en que íbamos a entrar llegó un líder obrero que pude reconocer de inmediato por su imagen constante en la prensa, Pedro Grant. A boca de jarro arrojó al aire la pregunta, con un gran vozarrón al que me acostumbraría a lo largo de los siguientes años.

—¿Bueno, a quién nombraron en sustitución de César?

—A Ángel Agosto, perdonen, pensé que ya lo conocían —dijo de inmediato Escribano, señalándome mientras entrábamos al lobby.

—¿A este muchachito...? —reaccionó Pedro de inmediato, mientras miró mi facha de títere desenfadado, matizado por mi evidente corta edad.

En el apartamento, casi al instante en que comenzaría mi primera reunión con el equipo de la Secretaría de Asuntos

Sindicales del Movimiento Pro Independencia (MPI), alguien sacó una botella de wiski y la colocó en la mesa. Pregunté que cuál era el propósito y me dijeron lo obvio. Les hice saber que a partir de aquel momento no habría bebidas alcohólicas en las reuniones de los órganos oficiales del MPI. De inmediato comprendieron que ese sería el menor de los muchos cambios que se iniciarían a partir de aquel instante, que terminaría a los pocos meses en la renovación de aquel grupo de trabajo anteriormente formado por mi antecesor en la Secretaría, César Andreu Iglesias.

A partir de entonces fuimos integrando nuevos cuadros provenientes de los distintos organismos del MPI, incluyendo nuestra Seccional en los Estados Unidos. De Nueva York enviaron a mi compueblano Osvaldo Romero. Recuerdo que el compañero Secretario de Organización Jenaro Rentas, quien sacaba un chiste de todo, decía que yo lo había negociado por un mimeógrafo. De Puerto Nuevo nos llegó Radamés Acosta.

Por mi experiencia reciente durante la huelga de General Electric de Río Grande sabía que nos enfrentaríamos a una época de alta combustión en el movimiento obrero. Era un tiempo de grandes cambios en el país y en el propio Movimiento. Resultó ser, como destaco en *Lustro de gloria*, la década más convulsa del siglo. Impulsamos transformaciones al interior del MPI que dieron al traste con los viejos estilos de trabajo, mientras la organización se insertó con eficacia en la lucha social que cada día incrementaba en calidad y cantidad.

Entre las consecuencias se comenzó a construir un partido proletario, uno de cuyos gérmenes habría de serlo el propio MPI, al tiempo que impulsábamos la formación de un nuevo sindicalismo, comprometido y combativo, con el respaldo artillado de los Comandos Armados de Liberación (la CAL), bajo el control político de nosotros mismos. Se supo entonces y hoy se conoce que aquellos "muchachitos" íbamos en serio, sin dilaciones ni falsas componendas.

Para emprender tal tarea se requería combinar la madurez de los veteranos con el impulso de la juventud. Fue así como entraron a la Secretaría jóvenes del calibre de Osvaldo Romero, Arturo Grant, Pablo Rivera, Edwin Meléndez, Ludmilia Rivera y Radamés Acosta. No se quedaban atrás por su ímpetu juvenil compañeros como Pedro Grant, Mónico Nazario y Luis Escribano. A todos les caracterizó la inteligencia creativa, la valentía a toda prueba y el carácter firme. Era lo que reclamaba la violencia de aquella fase de la lucha de clases.

Este libro, cargado de emoción y salvaguardado por la honestidad a toda prueba del autor, es testimonio de ello.

ángel m. agosto, editor.

PRÓLOGO

Seis postales de una época turbulenta

Guillermo Morejón Flores

Leer el testimonio de Radamés Acosta Cepeda es recorrer una de las épocas más turbulentas y olvidadas del siglo XX puertorriqueño. Su trayectoria como sindicalista y militante socialista se entrelaza con la fundación y despegue del Partido Socialista Puertorriqueño (PSP), la Unión Nacional de Trabajadores (UNT) y el Movimiento Obrero Unido (MOU) durante los años setenta. La decadencia de esos instrumentos de lucha política y sindical, el surgimiento de otros y su represión feroz, tocaron personalmente al autor. Su testimonio nos ofrece una mirada parcial –como toda memoria– a esa época turbulenta, y nos abre una ventana a las aspiraciones revolucionarias de una generación.

Radamés Acosta se integró al Movimiento Pro Independencia (MPI) en 1969, en las vísperas de su transformación en PSP. El MPI se había fundado diez años antes, logrando con éxito unir entre sus filas a nacionalistas, comunistas, no afiliados e independentistas insatisfechos con el Partido Independentista Puertorriqueño (PIP). Con presencia en el país y entre la comunidad puertorriqueña en Estados Unidos,[1] el MPI le dio un nuevo empuje a la lucha independentista y la

---

1   Recomiendo el trabajo de Carmen V. Rivera, Andrés Torres y José "Che" Velázquez, *Revolution Around the Corner: Voices from the Puerto Rican Socialist Party in the United States*, Philadelphia: Temple University Press, 2020.

sacó del estancamiento en que quedó después de la derrota de la insurrección dirigida por el Partido Nacionalista en 1950, y del encarcelamiento, exilio y muerte de sus militantes y dirigentes. Junto a otras organizaciones nacidas entre finales de los años cincuenta e inicios de los sesenta, el MPI fue parte de lo que vino a conocerse como la "nueva lucha de independencia".[2] En resumen, fue una renovación generacional y una puesta al día con las transformaciones políticas, económicas, demográficas y culturales que vivió Puerto Rico a raíz de la fundación del Estado Libre Asociado (1952) y su proyecto de industrialización dependiente, la Operación "Manos a la obra". Se enriqueció de la experiencia de la Revolución Cubana de 1959, de las guerras anticoloniales en África y Asia, así como del movimiento por los derechos civiles en Estados Unidos.

I

Tan temprano como a finales de los sesenta, el modelo del ELA y de "Manos a la obra" mostraba grietas cada vez más difíciles de tapar. En lo que el historiador británico Eric Hobsbawm llamó el fin de la "edad de oro" del capitalismo de la posguerra, el mundo fue testigo de grandes convulsiones. Una de las consecuencias más notables, en Puerto Rico, del final de ese periodo de expansión capitalista, fue el marcado aumento de huelgas obreras. La militancia emepeísta y su brazo armado, los Comandos Armados de Liberación (CAL),[3] se volcaron en apoyo a los trabajadores. La identi-

---

2   Juan Mari Brás, *Memorias de un ciudadano*, Mayagüez, Barco de papel, 2006, p. 125.

3   Ángel Agosto, *Intrigas desesperadas y otros corolarios*, Río Grande, Casa Editora de Puerto Rico, 2014, p. 55; también ver Félix

ficación con ideas socialistas y la experimentación con distintos tipos de lucha armada, generaron una crisis y renuncias entre la dirección del MPI en 1970. Llenó el vacío un grupo de jóvenes estudiantes y obreros fogueados en esos años.[4] Ese grupo fue una de las fuerzas motrices de la transformación del MPI en PSP en noviembre de 1971. Entre esos jóvenes estaba Radamés Acosta.

Del nuevo grupo de trabajo en la Secretaría de Asuntos Obreros del todavía MPI, nació la idea de crear una unión bajo un liderato joven y socialista, templado y dispuesto a subirle el tono a las luchas que se asomaban. Es lo que requería el momento: entre los años fiscales de 1970 a 1974, Puerto Rico registró unas 363 huelgas con más de 78,000 trabajadores envueltos.[5] Así nació la UNT en 1970, con una huelga de trabajadores de la construcción en Ponce que obligó al patrono a reconocerla.[6] En 1971 desarrolló cuatro campañas de organización.[7] Para septiembre de 1973, la UNT representaba a unos 800 trabajadores del área de la construcción, servicios y algunas fábricas.[8] En esas fechas

---

Ojeda Reyes, "Algunos apuntes para una historia del MPI" en Ángel Pérez Soler, *Del Movimiento Pro Independencia al Partido Socialista Puertorriqueño: De la lucha nacionalista a la lucha de los trabajadores: 1959-1971*, Río Piedras, Publicaciones Gaviota, 2019, p. 29 de pp. 13-36.

4   Agosto, *Lustro de gloria*. 3ra ed. revisada, Río Grande, Casa Editora de Puerto Rico, [2009] 2014, pp. 49-51.

5   Junta de Planificación, *Compendio de estadísticas sociales*, San Juan, 1973, p. 107.

6   Entrevista con Arturo Grant, 2021.

7   Miles Galvin, *The Organized Labor Movement in Puerto Rico*, New Jersey, Associated University Press, 1979, p. 177.

8   Partido Socialista Puertorriqueño (PSP), Secretaría de Asuntos Obreros y Sindicales, *Plan de trabajo para 1972*, p. 20.

también organizó los trabajadores de la Heist Corporation, que daba mantenimiento a refinerías y petroquímicas como la PPG, la Union Carbide y la CORCO. Era un área prioritaria en la política sindical del PSP y de gran importancia en su estrategia para la toma del poder.

Desde sus inicios, la UNT se declaró como una unión progresista que miraba más allá de la peseta y el vellón. Según Radamés en un escrito de esos años: "Ciertamente, a pesar de que estamos enfrascados en la lucha diaria por las reivindicaciones económicas de todos los trabajadores, no es menos cierto que el futuro de nuestra unión está ligado al futuro de la clase obrera en Puerto Rico, que no es otro que el lograr la completa eliminación del régimen de explotación del hombre por el hombre".[9] La UNT fue uno de los pilares del MOU, ensayo de solidaridad obrera auspiciado por el PSP, pensado entonces como el germen de una futura Confederación Única de Trabajadores.

La UNT le presentó oposición frontal a la Ley Taft-Hartley estadounidense, que regulaba –y regula– las relaciones obrero-patronales en Puerto Rico por concepto de su situación colonial. Para la UNT, esa ley era "una camisa de fuerza contra el desarrollo sindical en nuestra patria, ya que constituye un poderoso instrumento de represión patronal".[10] Sigue siéndolo. Para el fenecido dirigente del PSP, Pedro Baigés Chapel, esa ley tenía que ser desafiada por un movimiento de pueblo similar al que desafió con éxito al servicio

---

9   Radamés Acosta, "De la represión a la victoria", *Claridad*, 16 de septiembre de 1973, p. 15.

10   Acosta, "De la CGT a la UNT: Puente de lucha sindical", Claridad, 2 de octubre de 1975, p. 16.

militar obligatorio (SMO) durante la guerra en Vietnam.[11] La joven unión, ejemplo del "nuevo sindicalismo" de esos años, se consolidó entre 1973-74 como la tercera en actividad sindical en Puerto Rico. De representar a unos 800 trabajadores, llegó a representar entre cinco y seis mil. Pero además de ganar prestigio entre la clase trabajadora y un movimiento obrero en ascenso, se ganó enemigos poderosos. La represión no se hizo esperar.

II

El 6 de julio de 1973, el gobernador del Partido Popular Democrático (PPD) Rafael Hernández Colón movilizó a la Guardia Nacional, rama local del ejército de los Estados Unidos, para enfrentar una serie de huelgas del sector público que involucraron a unos 24 mil trabajadores.[12] Era un hecho inédito desde la insurrección nacionalista de 1950. El movimiento obrero barajaba la posibilidad de un paro general, pero este no se concretó. Las muestras de rechazo oscilaron desde manifestaciones públicas hasta acciones armadas, espontáneas unas y coordinadas otras. El mismo día 6, la GN fue enfrentada a pedradas y disparos frente al parque de bombas en la calle Palma en Santurce. El día 8 arreció el sabotaje contra el sistema eléctrico en San Juan. En la madrugada, durante un apagón, estallaron bombas en dos comercios de capital estadounidense. La GN fue desmovilizada el día 13.

---

11   Pedro Baigés Chapel, "Para entender la Ley Taft-Hartley", sin fecha, circa 1971.

12   PSP, "Cronología de la Jornada de Julio" [1973] en *Pensamiento Crítico*, año 1, núm. 1, febrero de 1978, pp. 7 y 36.

A la sombra de la llamada "jornada de julio", en agosto empezó la huelga de trabajadores de la compañía de construcción Werl en Santurce y Mayagüez, taller representado por la UNT. En la mañana del día 16, en el lugar donde se construía el Centro Gubernamental de Minillas en Santurce, se produjo un tiroteo entre los huelguistas y rompehuelgas de la compañía Security Associates. Esta compañía de rompehuelgas armados fue usada impunemente por los patronos durante estos años para intimidar y agredir a obreros en las líneas de piquete. En medio de aquel tiroteo cayó Andrés Nieves, un jefe de los rompehuelgas. La Policía secuestró a seis huelguistas –nunca estuvieron formalmente bajo arresto– y les interrogó por más de 24 horas. La abogada de la UNT, Ludmilia Rivera Burgos, había intentado sin éxito que la Policía los pusiera en libertad.

A instancias del fiscal Rafael Oliveras, el huelguista dominicano Santos Bonilla firmó una declaración bajo amenaza de ser deportado, acusando a Arturo Grant de haberle dado muerte a Nieves. Arturo Grant era Presidente de la UNT, militante del PSP e hijo de Pedro Grant, miembro del Comité Central del PSP, coordinador del MOU y uno de los líderes obreros más reconocidos y respetados de su época. Al día siguiente, en la madrugada del día 19, un sujeto desconocido entró a la casa de Ludmilia en Hato Rey mientras esta dormía y le propinó una brutal paliza, que solo sobrevivió porque fingió su muerte mientras el atacante la ahorcaba.[13] "Lo que le está pasando a la Unión Nacional en estos

---

13   Pablo Martínez Archilla, "Agreden abogada de la Unión Nacional" en *Claridad*, 21 de agosto de 1973, pp. 1 y 13.

momentos –decía Radamés entonces– es el inicio de la par-
ticularización de la represión que se desató en todo el país en
el mes de julio".[14] La acusación contra Arturo Grant fue archivada dos se-
manas después, cuando Santos Bonilla declaró bajo jura-
mento que fue intimidado y obligado bajo amenaza de de-
portación, por el fiscal Oliveras, a firmar la declaración del
día 16. Fermín Arraiza, abogado de defensa y Subsecretario
General del PSP, advirtió que "cualquier atentado contra ambas personas será contestado por todos los medios por nuestra organización, como vanguardia de la clase obrera puertorriqueña".[15] Pero la represión contra la UNT no se limitó a
la agresión y fabricación de casos criminales. La Ley Taft-
Hartley proveyó mecanismos en apariencia más sutiles, pero
a la larga más efectivos.

III

Desde sus primeras campañas en 1971, los patronos le
sometieron querellas a la UNT por actos de "violencia" ante
la Junta Nacional (estadounidense) de Relaciones del Trabajo, cuerpo facultado para adjudicar violaciones a la Ley
Taft-Hartley, emitir multas y órdenes restrictivas. Los patronos sacaron el máximo de esos amplios recursos legales a su
disposición. Para ello, contaban con bufetes de abogados patronales donde destacaron nombres como Vicente Antonn-
netti Vargas, Donald Hall, Alan Randall y Juan Torruellas,
quien por esos años fue nombrado juez. Varios de ellos ha-

---

14   Acosta, "De la represión a la victoria", *Claridad*, 16 de septiembre de 1973, p. 15.
15   *Claridad*, 9 de septiembre de 1973, p. 3.

bían trabajado para la Junta. La lluvia de querellas e interdictos cumplió el objetivo de desviar recursos económicos y humanos del sindicato de la lucha en la calle, hacia foros judiciales y administrativos.

A finales de septiembre de 1974, por dar un ejemplo, las compañías Catalytic Inc. y Jacobs Construction le solicitaron a la Junta una orden restrictiva, efectivamente prohibiéndole a la UNT el organizar talleres, debido a que la unión presentaba "una marcada tendencia a la violencia".[16] La Junta falló a favor de los patronos, que habían sido representados por Alan Randall. Pero la interpretación de "la Junta norteamericana" de qué significaba "violencia" era caprichosa. En la huelga del periódico *El Mundo* en 1972, la Junta dictó que sacarle la lengua a un supervisor o a un rompehuelga era "violencia".[17] En un reportaje en *Claridad*, órgano del PSP, Héctor Meléndez comentó que los patronos en Puerto Rico habían "crecido lo suficiente como para no creerse la verborrea que ellos mismos predican de la "democracia", la justicia social que dicen existe en el país, a quienes incluso importa un bledo los preceptos cristianos que dicen defender".[18]

Creyeran o no en su propia prédica, los editorialistas de *El Mundo* estaban a punto de hacer un nuevo alarde de la misma con motivo de una huelga que inició por esos días en la Autoridad de Acueductos y Alcantarillados. Un editorial colocado en la primera plana del día 28 de noviembre de

16   Héctor Meléndez, "Se ensañan contra la Unión Nacional", *Claridad*, 15 de octubre de 1974, p. 3.

17   Pablo Rivera, "Solidaridad con la UNT", *Claridad*, 28 de febrero de 1976, p. 14.

18   Meléndez, "El complot contra la vanguardia sindical", *Claridad*, 20 de octubre de 1974, p. 18.

1974 pidió una nueva movilización de la Guardia Nacional para enfrentar la huelga y los sabotajes, "en contra de nuestras naturales inclinaciones de que se afronten las responsabilidades con civismo y urbanidad".[19] El gobernador Hernández Colón la movilizó ese mismo día. Como era de esperarse, el MOU organizó actividades de apoyo a la huelga. Antes de la segunda movilización de la GN, los 11 miembros del Comité Negociador huelguista fueron condenados a treinta días de prisión por el juez Héctor Colón Cruz, y encarcelados en la antigua cárcel de La Princesa. Habían violado la Ley 142 de 1961, firmada por el entonces gobernador Roberto Sánchez Vilella, que les prohibía el derecho a la huelga.[20] La presión ejercida por el movimiento obrero y la amenaza de un paro general obligaron al indulto pocos días después. Una vez movilizada la GN, volvió a barajarse la posibilidad de un paro general en repudio. Como en 1973, esta vez tampoco se concretó.

Pero el evento no ocurrió sin respuesta. La portada del 1 de diciembre de *El Mundo* celebraba el fin de la "ola de sabotajes" bajo vigilancia militar.[21] Pero esa vigilancia fue burlada, y de qué manera. Al día siguiente, se anunciaba la explosión de diez bombas y más de 300 mil dólares en pérdidas, "sin pistas de los terroristas".[22] Algunas de esas bombas estallaron en vehículos e instalaciones militares en varios

19   *El Mundo*, 28 de noviembre de 1974, p. 1
20   Bienvenido Ortíz Otero, "El encarcelamiento de unos líderes", *El Mundo*, 7 de noviembre de 1974, p. 7A.
21   *El Mundo*, 1 de diciembre de 1974, p. 1.
22   *El Mundo*, 2 de diciembre de 1974, p. 1.

puntos del país. Se registraron tiroteos, y al menos un soldado perdió su rifle.[23]

Los técnicos de la Policía encontraron que las bombas habían sido fabricadas con iremita, un explosivo más estable y potente que la dinamita.[24] No es casualidad que meses atrás, el PSP había logrado apoderarse de más de dos toneladas de ese explosivo.[25] Hasta el 1972, el brazo armado del PSP se adjudicaba sus acciones armadas bajo la firma de los CAL. Pero entre 1973 y 1974 fue madurando en el PSP una estrategia para la toma del poder y una nueva concepción militar acorde con esos fines. En su tesis política, el PSP declaró abiertamente el "derecho a organizar y desarrollar una fuerza armada" para el debilitamiento del gobierno colonial y la futura toma del poder.[26] Desde 1972, ese brazo armado actuó sin emitir comunicados. Paralelamente, había otras organizaciones armadas forjándose en la clandestinidad, que se presentaron públicamente varios años después.[27]

IV

En 1975 se ventilaba lo que se conoció como "el caso de la Unión Nacional". Se discutía en el Tribunal de Apelaciones de Boston (Estados Unidos) la ratificación de unas órdenes administrativas de la Junta contra la UNT, que incluían la posibilidad de cárcel para sus dirigentes. Una de

---

23   *Claridad*, 2 de diciembre de 1974, p. 3; *Claridad*, 9 de diciembre de 1974, p. 5.

24   Tony Santiago, "Ven composición bombas superior a dinamita", *El Mundo*, 4 de diciembre de 1974, p. 1.

25   Agosto, *Lustro de gloria*, p. 136.

26   PSP, *La alternativa socialista: Tesis política del PSP*, Río Piedras, Ediciones Puerto Rico, 1974, p. 174.

27   Entrevista con "Arsenio", 2021.

esas órdenes le prohibía a la UNT "intervenir contra cualquier patrono o trabajador en toda la isla de Puerto Rico, a los fines de coaccionarlos e intimidarlos para lograr su representación sindical",[28] so pena de más querellas y multas. "Lo que está sobre el tapete –dijo Pablo Rivera en *Claridad*– es la primera ilegalización de un sindicato, en nuestra historia laboral".[29] Vale reiterar que quien a la larga ratificó la virtual ilegalización de la UNT, fue una corte estadounidense. No faltó la audacia ni la disposición de sectores del movimiento obrero a subirle el tono a la lucha. Pero los patronos y el gobierno también se organizaron y golpearon, como era de esperarse. Los rompehuelgas de la Security Associates campeaban por sus respetos en las líneas de piquetes. Los bufetes patronales ofrecían talleres y cursos para destruir uniones. La prensa se ensañó contra estas. La inmensa mayoría de las huelgas ocurrían en el sector privado –la mera idea resulta insólita en nuestros días– pero fue contra el sector público que se lanzó dos veces a la Guardia Nacional entre 1973 y 1974. Desde la Junta llovían las querellas, los interdictos y las multas contra uniones del sector privado. La falta de una respuesta unitaria y contundente afectó al movimiento obrero en su conjunto. La derrota en 1975 de la larga y violenta huelga de la Puerto Rican Cement en Ponce, pro-

28   Acosta, "De la CGT a la UNT: Puente de lucha sindical", Claridad, 2 de octubre de 1975, p. 17.

29   Pablo Rivera, "Solidaridad con la UNT", *Claridad*, 28 de febrero de 1976, p. 14.

piedad de la familia Ferré, significó un "descalabro monumental" que según Radamés "marcó un gran repliegue forzoso en nuestra lucha sindical".[30] Pero hubo otros factores a considerar al pensar sobre el declive. La crisis internacional de 1973 tuvo graves consecuencias para la economía colonial. Selló el destino de la industria petroquímica, y la actividad de ese sector se redujo hasta extinguirse pocos años después. El desempleo rondaba el 19% en 1976.[31] Esto coincidió con la entrada masiva de fondos federales o "cupones de alimento" de desembolso directo a individuos, interpretado por algunos como un "muro de contención" a la lucha de clases.[32] La derrota de la huelga de la Puerto Rican Cement parece haber sido, más que nada, un golpe de gracia. Por su parte, los instrumentos de lucha política y sindical, que como el PSP y el MOU participaron de los combates de la primera mitad de la década, enfrentaban dificultades, represión y crisis internas que redujeron su presencia y capacidad de impacto en los próximos años.

V

Las elecciones de 1976 llevaron al poder colonial a Carlos Romero Barceló y al sector más recalcitrante del anexionista Partido Nuevo Progresista (PNP). La participación electoral del PSP hizo brotar un debate interno que se saldó con la sanción, expulsión y renuncia de centenares de mili-

---

30   Acosta, "La orquestación represiva" en *Pensamiento Crítico*, año 1, núm. 4, mayo de 1978, p. 25.
31   James Dietz, *Historia económica de Puerto Rico*. 2da. ed., Río Piedras, Ediciones Huracán, [1989] 2018, p. 360.
32   "Alerta ante planes represivos", *Pensamiento Crítico*, año 1, núms. 9-10, octubre-noviembre de 1978, p. 6.

tantes entre 1976 y 1978. Muchos entendían que el PSP había abandonado su misión de desarrollarse como partido de la clase obrera. En su carta de renuncia dirigida al Secretario General Juan Mari Brás, decía Radamés: "[e]l Partido aguerrido, ágil, capaz de adelantar la lucha a niveles superiores y de sostenerla bajo las más duras condiciones no es el que usted dirige y mucho menos el que aspira a construir".[33] Un grupo de los que salieron, incluido Radamés, fundó la revista *Pensamiento Crítico*, pensada como tribuna para la discusión política de izquierda. Otros se integraron calladamente a las organizaciones clandestinas que tomaban forma en esos años, como los Macheteros.[34]

El 22 de septiembre de 1977, una organización armada que se hizo llamar Comando Obrero ejecutó al abogado patronal Alan Randall, en la calle King's Court en San Juan. El Comando lo denunció como agente de la Agencia Central de Inteligencia (CIA). En un artículo describiendo sus motivos, dijeron: "El ajusticiamiento de Allan H. Randall fue el resultado de un proceso investigativo y de análisis donde se tomó en consideración las funciones reales que este sujeto venía desempeñando en Puerto Rico y el estado de ánimo de los trabajadores".[35] Es difícil precisar si Randall fue o no, en efecto, un agente de la CIA. Pero la rápida intervención del FBI y del Servicio Secreto estadounidense en la investiga-

33   Carta de renuncia de Radamés Acosta, 15 de agosto de 1977. Incluida en la sección de anejos de este libro.
34   Agosto, *Lustro de gloria*, p. 87.
35   Comando Obrero, "El ajusticiamiento de Allan H. Randall", *Claridad*, 3 de noviembre de 1977, p. 16.

ción era sugestiva. Como era público y notorio el ensañamiento de Randall contra la UNT, los editorialistas de *El Mundo* acusaron a la unión de estar vinculada al Comando.[36] El Comando entendió que su acción iba a servir como disuasivo para futuros desmanes contra el movimiento obrero. "Es claro que Randall, –decía el Comando– como planificador y conspirador contra nuestro movimiento obrero, será sustituido. Pero se estableció un orden de respeto y se sentó un precedente ejemplar al que tendrán que atenerse los que pretendan sustituirle".[37] Pero es difícil imaginarse a los patronos y a las agencias represivas ateniéndose a códigos éticos. El hijo del Secretario General del PSP fue asesinado en plena campaña electoral poco más de un año atrás. Luego de la ejecución de Randall, Romero Barceló dijo "nos han declarado la guerra, vamos a la guerra".[38]

El 13 de octubre de fue secuestrado Juan Rafael Caballero Santana, dirigiéndose a su casa en Bayamón. Este delegado de la Unión de Tronquistas fue llevado al cuartel de la Unidad de Operaciones Tácticas en Puerta de Tierra, donde fue interrogado y torturado salvajemente por el llamado "Escuadrón de la muerte" de la Policía. Cuatro días después, aún desaparecido Caballero, el oficial tronquista Luis Carrión fue arrestado junto a Benita Vázquez, otra oficial de la unión. Carrión fue esposado e interrogado por unas 24 horas en Isla de Cabras. Otro tronquista, José Cádiz, fue tiroteado y herido mientras tanto. La presión del movimiento

---

36 *Claridad*, 30 de septiembre de 1977, p. 5.
37 Comando Obrero, *Ibid.*, p. 17.
38 *Claridad*, 30 de septiembre de 1977, p. 2.

obrero y un paro de transportes en la isleta de San Juan, centro del gobierno, logró la libertad de Carrión.[39] El cadáver de Caballero fue hallado el día 24 por la carretera 191 de El Yunque, cerca de una casa de torturas que la Policía tenía en el lugar. Se presume que había muerto, como mucho, un día después de la fecha de su secuestro.[40]

El "Escuadrón de la muerte" de la Policía quería asesinar a Caballero y Carrión porque guardaban un parecido con el boceto que se publicó de una persona vista cerca del lugar de la ejecución de Randall. Pero también había un contrato sobre sus vidas y la de otros oficiales tronquistas puesto por Braulio Mercader, dueño de una flota de camiones que los tronquistas intentaron organizar.[41] El escuadrón, dirigido por individuos como Alejo Maldonado, Julio Andrades y Desiderio Cartagena, combinaba la represión contra el independentismo y el movimiento obrero con operaciones mafiosas para su lucro personal.[42] Fueron la continuación de los grupos armados de la contrarrevolución cubana y turbas anexionistas vinculadas al PNP, que hicieron causa común con las autoridades en la represión de la nueva lucha durante los

---

39   Marcos Pastrana Fuentes, *Unión de Tronquistas: Invencible. 50 años de dignidad y compromiso. Local 901*, San Juan. s.e., 2007, p. 111-119.

40   *Claridad*, 3 de noviembre de 1977, p. 2.

41   Pastrana Fuentes, *Ibid.*, pp. 111-119.

42   César Ayala y Rafael Bernabe, *Puerto Rico en el siglo americano: su historia desde 1898*, Trad. de A. Lauzardo Ugarte, San Juan, Ediciones Callejón, 2011, p. 397.

años sesenta y setenta, dejando varios muertos en el camino.[43] Juan Rafael Caballero no fue el último caído en esta "guerra" declarada por Romero.

VI

Para el 1978, la actividad sindical se había reducido drásticamente en comparación con la primera mitad de la década. Mientras que los años fiscales de 1970-74 registraron unas 363 huelgas, los de 1975-78 registraron unas 111.[44] La actividad sindical en el sector privado fue la más golpeada y diezmada, tanto por la gestión de los patronos y la Junta como por la crisis económica. El renglón de la construcción y las petroquímicas, por mencionar dos sectores donde la UNT representó trabajadores, fueron de los más afectados por la crisis. A la misma vez, la ratificación que hizo la corte federal de Estados Unidos de las órdenes administrativas de la Junta, lograron efectivamente estrangular a la unión. La UNT estaba condenada a representar un número decreciente de trabajadores e imposibilitada de organizar nuevos talleres. En resumidas cuentas, estaba condenada a extinguirse.

En un escrito publicado en la edición de mayo de 1978 de *Pensamiento Crítico*, Radamés expuso la idea que el movimiento obrero enfrentaba, en esos momentos, la segunda parte de una "orquestación represiva".[45] La primera parte había sido relativamente exitosa contra la organización obrera

---

43   Recomiendo el trabajo de Raúl Álzaga, Jesús Arboleya y Ricardo Fraga, *La contrarrevolución cubana en Puerto Rico: el caso de Carlos Muñiz Varela*. 4ta ed., San Juan, Ediciones Callejón, 2018.

44   Junta de Planificación, *Compendio de estadísticas sociales*, 1980, p. 95.

45   Acosta, "La orquestación represiva" en *Pensamiento Crítico*, año 1, núm. 4, mayo de 1978, p. 25.

en el sector privado, en la primera mitad de la década. La segunda parte, advertía, se dirigía contra el sector público, como demostraban los casos de la actitud del gobierno durante las recientes huelgas en Fuentes Fluviales y la Autoridad Metropolitana de Autobuses (AMA). El 16 de junio de ese año, un grupo de 18 agentes de la Policía dirigidos por Julio Andrades arrestó a Radamés Acosta en el local de la UNT. Luego de años de apelaciones, el Primer Circuito de de Boston (Estados Unidos) ratificaba la sentencia de Acosta y su condena a 90 días de cárcel por violaciones a la Ley Taft-Hartley, arrastrados desde la huelga en la Werl en 1973. "Acosta Cepeda es el primer dirigente sindical en ser encarcelado bajo la ley Taft-Hartley en Puerto Rico. Otros habían sido sentenciados, pero no cumplieron pena de prisión al serles suspendida la sentencia", denunciaba Gervasio Morales en *Claridad*.[46]

Mientras Radamés cumplía su condena, ocurrieron eventos que definieron al independentismo e izquierda en Puerto Rico durante los próximos años. El 25 de julio, los independentistas Carlos Soto Arriví y Arnaldo Darío Rosado fueron emboscados y asesinados por la Policía en el Cerro Maravilla. Uno de los oficiales presentes en la masacre fue Julio Andrades. En agosto, el Partido Revolucionario de los Trabajadores Puertorriqueños – Ejército Popular Boricua (PRTP-EPB Macheteros) hizo su primera aparición pública.

Los Macheteros se sumaban a un grupo de organizaciones armadas y clandestinas que golpearon diversos objetivos entre finales de los setenta y mediados de los ochenta, en

---

46   Gervasio Morales, "Protestarán encarcelamiento líder sindical", *Claridad*, 23 de junio de 1978, p. 9.

Puerto Rico y en varias ciudades de los Estados Unidos. Estas incluyeron a las Fuerzas Armadas de Resistencia Popular (FARP), la Organización de Voluntarios para la Revolución Puertorriqueña (OVRP), los Comandos Revolucionarios del Pueblo (CRP) y las Fuerzas Armadas de Liberación Nacional (FALN), que operaban en los Estados Unidos desde 1974. Cientos de citaciones y condenas por desacato al Gran Jurado dirigidas contra el independentismo, el movimiento obrero y sus aliados, llovieron en los años siguientes. Acosta no se libró de esa nueva ola represiva. En fin, que fueron tiempos borrascosos. Nadie que los vivió salió sin rasguño.

* * *

El testimonio de Radamés sugiere varios temas de esa época turbulenta que requieren la atención de investigadores. La presencia y lugar de militantes de los viejos partidos comunista y socialista en la nueva lucha, como Juan Santos Rivera; la solidaridad entre organizaciones públicas y clandestinas de la República Dominicana y Puerto Rico; la historia del MOU y su relación con el PSP; los orígenes e intereses detrás de la Security Associates; los bufetes patronales y los bufetes laborales solidarios; y finalmente, la historia apasionante y combativa de la propia Unión Nacional de Trabajadores y su lugar en el nuevo sindicalismo. Seguramente hay más.

A medio siglo de la mayoría de los hechos que recoge Radamés, no todo ha cambiado en la colonia ni en sus relaciones obrero-patronales. En cuanto a estas últimas, podría argumentarse que hoy son más injustas y agresivas que ayer. Ese hecho no puede desvincularse de la falta oposición organizada –de alternativas revolucionarias, si se quiere– a un sistema que empuja a la juventud al subempleo, a la emigración o al narcotráfico.

Que sirvan estas páginas para conocer y respetar las aspiraciones revolucionarias de una generación que se jugó la vida para legarnos un Puerto Rico más justo y equitativo, así como lección y referente para las luchas que tenemos por delante.

Radamés Acosta, datos biográficos

Aportar datos personales siempre me parece difícil y peligroso para el ego. Sin embargo, que más da al escribir estas notas vividas.

Me crie en el ambiente violento de la dictadura trujillista, muy presente en la sala de mi casa. Y en el extremo dolor de una madre en el exilio político por diecinueve años. Decía Mario Benedetti que el exilio es una larga avenida por donde tan solo transitan el dolor y la esperanza. Lo sé.

Soy hijo de una dominicana y un sangermeño. Mi amor es Puerto Rico, donde nací y me crie. Mi vena de rebeldía inicial y de revolucionario posteriormente, es de herencia dominicana. Mis parientes en la Republica Dominicana fueron activos, acérrimos, combativos militares y militantes de armas tomadas. Lucharon contra la dictadura. Esto llevó a mi madre al exilio por diecinueve años. Me trajo al mundo en Puerto Rico junto a un excelente músico de San Germán: mi padre. Nuestras navidades de infancia y adolescencia fueron especialmente terribles y tristes. Sin familia. Ni siquiera por teléfono. Nada.

Los escuchaba en la sala de la casa. Las reuniones conspirativas de aquella gente, mis tios Pedro Álvaro Bobadilla y Ernesto, exmilitares del Ejército de los Estados Unidos. Tío Pedro, de un temple que creo copié de él, periodista y Director del *Listín Diario* en la República, comandó el asalto a Playa Caracolillo, República Dominicana, en un buque venezolano con mil hombres. Esta operación se realizó por instrucciones de Rómulo Betancourt, Presidente de Venezuela, con el beneplácito de la Central de Inteligencia Americana, de Muñoz Marín y de Figueres, de Costa Rica. Este evento se realizó después del atentado fallido que Trujillo ordenara en contra de Rómulo Betancourt el 24 de junio de 1960.

Figueres, Muñoz, Betancourt

Intentos recurrentes de bombardear el Palacio Presidencial. Los nombres de los caídos. Las Mirabal. Las embestidas de los Carie (fuerza asesina de seguridad política de Trujillo), la nefasta cárcel de La Victoria.

Esta cárcel no era nueva para mí. Llevo escuchando desde niño las historias de los que no regresaban de allí, los desaparecidos.

Las penas. Las añoranzas. Las historias de estos luchadores de la libertad me hicieron ser lo que soy hoy y te digo que los militares dominicanos todavía se pasean en la ideología del *trujillato*. En la sala de mi casa escuchaba las historias de los comunistas, sobre la gente de Francisco Caamaño Deñó cuando los Estados Unidos invadieron la República Dominicana en 1965.

Edwin Reyes

Durante mi encarcelamiento y estadía con tres presos dominicanos en la cárcel de Bayamón en 1976, el emocionante encuentro de estos tres camaradas en la cárcel con mi madre en las visitas, la suerte de "los tres de la victoria"[47], el suplicio de Carmencita a quien los presos bautizaron como el Ángel de La Victoria (bueno fue en realidad nuestro poeta nacional, Edwin Reyes) todo ello enmarcado en unas ansias de libertad que no se me quitan. Los conozco bien. Por ello hace apenas doce años no me permitieron entrar a Santo Domingo, alegando que mi presencia allí era un peligro para la seguridad nacional.

A pesar de que tengo todo el derecho a la ciudadanía dominicana, no me he podido reponer de los disgustos con los herederos de la ideología del *trujillato,* que aún hoy prevalece en el espíritu de las Fuerzas Armadas de ese país y de varias de las fuerzas políticas en el presente. Se mantiene la prohibición a mi entrada. A orgullo y honor.

Mi paso por el movimiento sindical me llevó a conocer la total virtualidad de todos sus aspectos técnicos y aquellos aspectos no visibles del funcionamiento de esta subcultura, por así decirlo. Trabajé con tres sindicatos de los Estados

[47] Se refiere a Johnny Sampson, Ángel Gandía y Raúl García, puertorriqueños encarcelados en República Dominicana por apoyar a mediados de los setenta la lucha armada contra la dictadura del sucesor de Trujillo, Joaquín Balaguer, siguiendo las órdenes del entonces Partido Socialista Puertorriqueño (PSP).

Unidos y con varias independientes de Puerto Rico, como organizador, profesor, negociador, et. al.

Bueno, he dado varias vueltas. Rada.

Capítulo 1:

A modo de introducción

Se han escrito en los últimos cuarenta años algunos libros sobre el sindicalismo puertorriqueño. No he alcanzado a entender... ¿Cómo es posible que alguien escriba sobre esos años de historia sindical y brille por su ausencia la Unión Nacional de Trabajadores de Puerto Rico? ¿Por qué no se menciona? Escribir esta historia sindical sin hablar conmigo, Arturo Grant, Osvaldo Romero, Elías Castro, Carmen Sampson, Edwin Meléndez, Luis Escribano, Ángel M. Agosto y otros compañeros que estuvieron allí en primera fila es como faltarle a la verdad.

No es posible. Concediendo el beneficio de la duda, digamos que tal vez los protagonistas seamos responsables de esto. Me refiero a los que estuvimos allí, vimos e hicimos, y que hasta ahora hemos guardado silencio. Silencio ante una historia de combate, organización y militancia sindical y política comprometida de un gremio como no ha habido otro desde su desertificación e ilegalización por la Junta de Relaciones del Trabajo de los Estados Unidos. Esta Junta, como se sabe, administra la ley anti obrera Taft-Hartley, estatuto atado a la Unión Nacional de Trabajadores, emblemática de una de las luchas más encarnizadas por denunciar su presencia e impacto en la isla colonial, hasta el desafío frontal a sus procedimientos internos.

Como podrán apreciar sin mucha dificultad, no soy historiador, ni investigador social científico. Fui sindicalista por treinta y dos años, superado por Arturo Grant y Osvaldo Romero. Ello conlleva necesariamente aclarar que estos relatos pudieran estar en algunos casos mal fechados, el cual sería nuestro error mayor. En la apreciación de cómo nació la Unión Nacional de Trabajadores y su eventual cadena de buenos y malos sucesos, solo es mi personal visión de los acontecimientos... Estuve allí.

He solicitado de mis antiguos compañeros y compañeras que aún viven y que estuvieron presentes que enriquezcan estos relatos con sus aportaciones. La pretensión es solo una en la que mi compañera de siempre, Carmen Sampson, lleva años insistiendo: que no se pierda nuestra historia.

Capítulo 2

¿Por dónde empezamos?

Empezaremos por donde a nuestro juicio y participación se planteó por primera vez, la necesidad de la creación de una organización sindical independiente, de base, de carácter nacional. Lo de "nacional" es en contraposición a la hegemonía de las mal llamadas uniones internacionales.

Son sindicales de los Estados Unidos, que reinaban en los más importantes sectores de nuestra economía. Funcionaban en su mayoría como frentes de contención social y sindical con políticas en favor y contubernio con los patronos extranjeros. Hacemos excepción honrosa desde el principio de la Unión de Tronquistas, que ya para esa fecha terminaba de liderar Frank Chávez, asesinado en su oficina por uno de sus mejores organizadores,

César Andreu Iglesias

en una enjundia de proceso que hasta el día en que escribo es un misterio.

Se visualizaba la creación de esta organización obrera (1970-71, esta es la Unión Nacional de Trabajadores) como un instrumento renovador de organización sindical, con honestidad, lealtad de clase a las bases, democrática, educativa,

41

con profundo respeto por el trabajo unitario y en vinculación con la organización política pro independencia que le dio sus primeros respiros ideológicos en medio de la crisis de división en el MPI. Esta había sido causada por los planteamientos políticos de un grupo encabezado por César Andreu Iglesias. César era un destacado periodista y excelente analista marxista. Para aquel tiempo entendimos que se perdió en el camino inmediato al salir del MPI. Hoy, visto retroactivamente, me parece que César era el que tenía la razón acerca de hacia dónde debía encaminarse el MPI en la conducción ideológica y organizativa.

Allí nació y maduró la Unión Nacional de Trabajadores,

Osvaldo Romero, Carlitín Gómez y Radamés Acosta

al calor entonces de la Secretaria de Asuntos Obreros y Sindicales que dirigió el compañero Ángel M. Agosto. Es imposible separar la conducción política de la UNT sin Agosto como Secretario de Asuntos Sindicales del MPI y posteriormente del PSP.

En un seminario celebrado en Trujillo Alto en enero 22, 23 y 24 de 1971, Ángel M. Agosto presentó una ponencia titulada "Objetivos del trabajo obrero del MPI". En ella el compañero esbozaba una vez más la necesidad de la organización de esta Unión. Ángel pareciera ser lo más cercano al padre ideológico de la UNT.

En los casi seis años de su existencia, la UNT fue un buen ejemplo de la relación partido-sindicato desde una perspectiva de clase. Si la pregunta es si funcionó o no esta relación, la respuesta es en lo afirmativo. Funcionó y con muy buenos resultados. Su trabajo político y sindical se expandió por diversas vertientes, sobre todo en lo que atañe a temas como la unidad. Para ejemplos, baste mencionar el Movimiento Obrero Unido (MOU), la Escuela Sindical, el Bufete Sindical, el trabajo internacional, los pactos de ayuda mutua en lo especifico, la lucha contra el colonialismo sindical, así como el estímulo de nuevas uniones puertorriqueñas en el área sur y en el resto de la Isla, en particular en el gran complejo petrolero que fue Guayanillas-Peñuelas.

Complejo petroquímico Guayanillas-Peñuelas

Una de las desavenencias principales con César Andreu Iglesias era la posición política frente a la presencia de las uniones norteamericanas en la Isla y el trabajo político a desarrollarse con ellas vis a vis con declararles la guerra. Eventualmente, esto último sería lo que ocurriría.

La Unión Nacional de Trabajadores nació ideológicamente en el MPI-PSP. Por ello es importante ver cómo y con quienes se transformó la realidad de esta organización sindical, que existió por cerca de seis años y desplegó una lucha de intensidad impresionante en todas las vertientes de nuestro sindicalismo.

Al compañero Pedro Grant, desde el principio en ambas Secretarias en el MPI y luego PSP —yo fui miembro de ambas— le tocó la responsabilidad de echar a caminar el proyecto y hacerlo realidad. Esa función la cumplió a cabalidad junto a su hijo Arturo Grant, nuestro presidente de siempre. En el proyecto en sus inicios también participaron Moisés Lebrón, Luis Escribano, Luis (Mónico) Nazario Báez, Edwin Meléndez, William Valentín —Presidente de la APATE (Asociación de Artistas y Técnicos del Espectáculo)— , quien nos cedió el primer espacio, Pedro Baigés Chapel, nuestro primer abogado, y Norberto Cintrón Fiallo, uno de nuestros primeros organizadores.

Norberto Cintrón Fiallo

Posteriormente se me recluta del trabajo sindical que realizaba en la Misión José Cedeño, de Puerto Nuevo. En el MPI las regiones y las locales era "misiones". Esta misión en particular merece honrada mención. La dirigió Iván Rivera (q.e.p.d.). La integrábamos Edwin Meléndez, Roy Brown, Noel Hernández y Juan Santos Rivera, entre otros. Juan Santos Rivera, el buen viejo comunista de siempre, fue Secretario General del Partido Comunista de Puerto Rico y víctima de la represión feroz contra el nacionalismo puertorriqueño de los cincuenta. Fue la persona que me enamoró de la lucha sindical y obrera. Comenzamos el proceso de organización en la industria de la construcción por su accesibilidad y tamaño en aquellos años finales de la década de los 60. De estas destrezas, nacieron las nuevas para lanzarnos a organizar sectores industriales y comerciales mucho más complicados por estar sujetos a la jurisdicción de la ley Taft-Hartley, la camisa de fuerza del movimiento obrero.

En el 1970, al producirse un reenfoque en la política sindical del MPI como secuela de la huelga de General Electric en Palmer (1969-70) y la reorganización de la dirección nacional de esa organización como resultado de la salida de César Andreu Iglesias, empieza a cuajarse una idea que terminó materializándose en la UNT. Ángel M. Agosto, como Secretario de Asuntos Sindicales, formuló una nueva política sindical a través de la mencionada ponencia presentada en 1971. Es importante señalar que la misma era producto de su experiencia en la mencionada huelga de la General Electric de Palmer y de la propia experiencia de la Secretaría durante los años que la dirigió César.

En el mencionado seminario Agosto habló de la necesidad de crear un sindicato germen que sirva de modelo para el nuevo sindicalismo, por su democracia interna y su combatividad. Llamó la atención al hecho de que no sería para competir con otras organizaciones obreras, sino, por el contrario, para apoyarlas en sus luchas e incursionar allí donde los trabajadores no estén organizados. Una de sus tareas, además, sería la de impulsar la unidad sindical como parte del esfuerzo de largo plazo de constituir una central obrera revolucionaria. Los primeros pasos para ese proyecto sería destinar los mejores cuadros políticos del partido, que aseguren entre otras la secretividad de la presencia política del MPI. El otro gran objetivo reclamado en la nueva política sindical, enfatizado como el principal, lo sería el trabajo de bases entre los trabajadores para impulsar la creación de un partido obrero en su ideología y composición social.

Más adelante se profundizaría sobre estos temas, estando ya en marcha la UNT. La ponencia titulada "Trazando los nuevos rumbos de la clase obrera" (publicada en 1972) en parte es reseñada en el Capítulo 2 del libro de Agosto, *Lustro de gloria.* Dice así:

> Estas son las dos vertientes fundamentales de nuestro trabajo obrero en 1972:
>
> 1. **Trabajo político de base.** Este trabajo va dirigido a la consolidación del PSP como partido de la clase obrera. Esto será mediante la creación de las raíces organizativas del Partido entre la clase obrera en los talleres industriales, en los centros de trabajo y en las comunidades obreras. Los núcleos obreros, constituidos por los trabajadores más alertas de cada taller, son la base organizativa más elemental del partido.
>
> 2. **Trabajo sindical** con el liderato obrero más progresista del país. Estimular la creación de mecanismos que garanticen la democracia interna en las uniones obreras, el desarrollo dentro de éstas de un sistema de capacitación sindical y la formación de un nuevo liderato sindical sacado de las entrañas de la clase obrera (a través de nuestro trabajo en la base) son los aspectos fundamentales que habrán de garantizar el aumento en combatividad de las uniones (*Lustro*, Capítulo 2).

Añade el mismo documento del compañero Agosto:

La central sindical será el resultado de los dos factores siguientes:
1. El trabajo político que se desarrolla en la base obrera. Allí es que está el nuevo liderato obrero en formación y en pleno crecimiento revolucionario.
2. La unidad del liderato sindical progresista de hoy.

La interrelación de estos dos factores habrá de dar paso a este proceso. Si los obreros vanguardistas organizan la presión de los trabajadores sobre sus uniones exigiendo la toma de posiciones firmes y empujan la organización de los trabajadores no organizados en uniones progresistas, al tiempo que el liderato actual emprende campañas de respaldo a los obreros en lucha, desarrolla entre sus uniones un sistema de educación sindical y organiza y prepara campañas para la organización masiva de la clase obrera, entonces la central obrera será una realidad en un futuro.

Si es cierto que estamos entrando en una nueva etapa en la lucha obrera, que se manifiesta por las continuas huelgas, por los movimientos de rescate de tierras, por el aumento en la lucha estudiantil, entonces vamos a asumir el papel de vanguardia que nos corresponde. Tenemos la responsabilidad de encauzar la indignación de este pueblo hacia posiciones revolucionarias. Y esto se hará fundamentalmente nutriéndonos de ese pueblo, así como organizando los instrumentos de lucha de masas de los explotados para enfrentar su explotación.

Capítulo 3

Los Grant

En la medida en que medito sobre los acontecimientos se añaden nuevas realidades no incluidas al presente. En el área que cubre la ilegalización y desertificación de la UNT ocurrieron varios hechos.

Uno de ellos es que Arturo Grant, quien era presidente

Apoyo a MOU; censura a Cruz

de la UNT durante el juicio celebrado en el Tribunal de San

Juan contra ambos, fue condenado a la no elegibilidad de por vida a puesto alguno de liderato en ninguna sindical.

En consecuencia, yo pasé a trabajar con la Unión Independiente de Trabajadores de Aeropuertos de la que fui Presidente. Arturo Grant se integró a la vida de los negocios y trabajó para ese entonces con José Aquedo Ramos. En su nueva posición y dada su experiencia, Arturo le era de muchísimo valor. La empresa para la que trabajaba ahora manejaba varios planes médicos con uniones. Santo y bueno. El compa se tenía que ganar sus medios de vida, habiendo sido condenado a un virtual ostracismo sindical. La misma suerte había corrido Pedro Grant.

La maquinaria represiva del gobierno de los Estados Unidos en Puerto Rico, en su relación con las uniones y los hechos de militancia sindical de esa época, estaba entronizada y operaba a través de la Junta Nacional de Relaciones del Trabajo de los Estados Unidos en Puerto Rico y el Departamento del Trabajo estadounidense.

El FBI juraba y soñaba que nosotros, los dirigentes sindicales de izquierda, utilizábamos fondos de cuotas de las uniones para apoyar a los movimientos guerrilleros, en especial a los Macheteros. Ello nunca fue cierto. El respeto por los fondos de las cuotas de nuestros miembros constituía uno de los pilares más sólidos de nuestra conducta.

De estas suposiciones por parte del FBI parten mis dos citaciones ante dos Gran Jurado.

Lo que nadie visualizó fue el entuerto fraguado en relación con el nuevo empleo del compañero Arturo Grant. Era un empleo legítimo, fue utilizado por los federales para una maniobra torticera respecto de sus propias leyes. Es lo que hicieron conmigo y para prohibirle a Pedro Grant el ocupar puestos de dirección alguna en ninguna unión por espacio de trece años. Esto constituyó otro ejemplo del nivel de fuerza que el régimen nos aplicó en esa época. Arturo nada tenía que ver con la unión General de Trabajadores que dirigía su padre, Pedro Grant. Nada que ver.

Al Departamento del trabajo federal, a través de sus fiscales administrativos, se les ocurrió la idea de que hay elementos de intereses encontrados entre los negocios de Aguedo con la Unión General a través de la relación padre-hijo, aun cuando técnicamente se tratara de una relación casual. En la empresa para la que trabajaba Arturo no tenía nada que ver en las decisiones, era un empleado, y las relaciones de esta con la UGT existían antes de emplearlo.

El fantasma federal era el mismo: el apoyo financiero de nuestras uniones a la guerra contra los Estados Unidos. Así lo reconocieron los mismos federales en una reunión celebrada en Miami donde se discutió este asunto y en el cual los federales continuamente señalaban que Pedro era donante de los Macheteros. Con esa idea en mente y por tecnicismos de la ley ERISA, lo desbancaron por trece años. Técnicamente hablando, ni Pedro ni Arturo eran culpables ni por asomo.

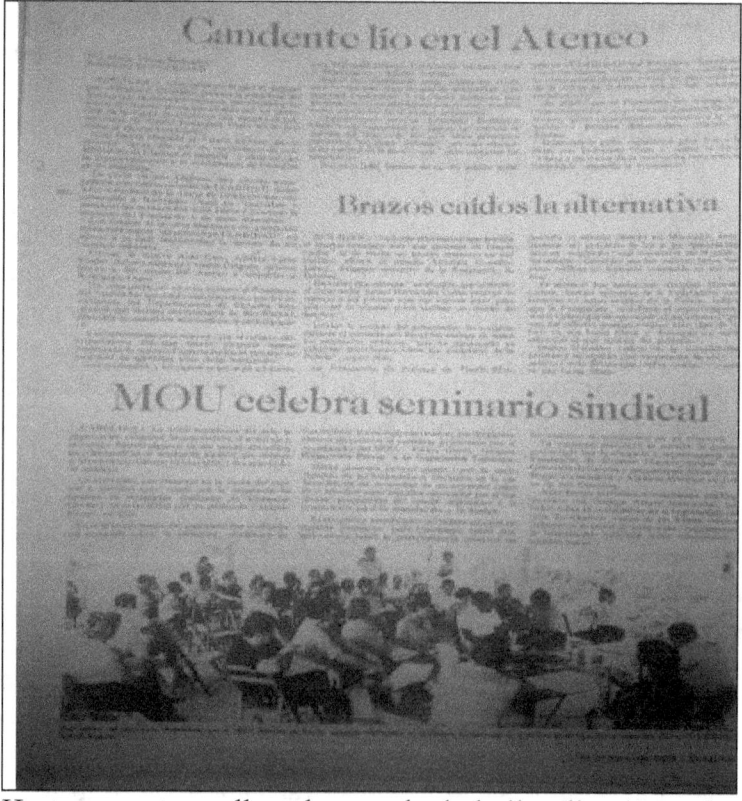

Hasta ese entorno llega la secuela de la ilegalización y desertificación de la Unión Nacional.

Capítulo 4

El Movimiento Obrero Unido (MOU), el Movimiento Pro Independencia (MPI) y el Partido Socialista puertorriqueño (PSP)[48]

De entrada, debo afirmar, por incómodo que pueda parecer, que el Movimiento Obrero Unido (MOU), como proyecto de unidad sindical, nació en la Secretaria de Asuntos Sindicales del Movimiento Pro Independencia (MPI) y posteriormente del Partido Socialista Puertorriqueño (PSP), pues fue un proceso estimulado por las circunstancias económicas y sociales de la época. Los cuadros políticos de la organización socialista supieron capitalizar e influenciar con sus errores y aciertos, y la incursión de los Comandos Armados de Liberación (CAL), en las luchas del proletariado, fue crucial para los avances obtenidos.

La Secretaría de Asuntos Sindicales del MPI, a la cual me integraron a los 18 años, estaba compuesta de un grupo de veteranos dirigentes sindicales, influenciados de forma innegable por la figura política sindical que con más acierto y a su vez con el maltrato mayor de los pequeños burgueses nacionalistas del MPI que desconocían los entuertos difíciles y contradictorios de la lucha sindical, lo condenaron al ostracismo: César Andreu Iglesias.

---

[48] El texto de este capítulo fue enviado por el autor como ponencia a un foro en conmemoración del 50 Aniversario del recomienzo masivo de los del Día Internacional de Trabajadores, fechado el 1 de mayo de 2021.

Pedro Grant, Moisés Lebrón, Luis Escribano, Mónico Nazario Báez, Arturo Grant ya conformaban ese núcleo que el compañero Angel M. Agosto dirigió con gran habilidad política por años hasta que el PSP saltó a su verdadera naturaleza de Partido no obrero y sí de una organización exitosa que se apropió de un lenguaje revolucionario en boga y que sí llevó a cabo grandes proyectos, incluyendo acciones sindicales y que en la medida en que la lucha sindical exigía más y más compromisos y peligros fueron distanciándose.

Posteriormente se integraron Edwin Meléndez Vélez, hoy catedrático universitario en Nueva York, Osvaldo Romero, Luis Lausell y este servidor. La Unión Nacional de Trabajadores de Puerto Rico nació al calor del análisis político sindical de esa época.

Poco se conoce sobre la extraordinaria y única existencia de esa unión, pilar del Nuevo Sindicalismo y núcleo fundador del MOU. Fui su Secretario de Organización y luego Secretario General. Arturo Grant fue su Presidente. También la integraron Osvaldo Romero, Carmen Sampson, Carlitín Gómez, Elías Castro, quienes conformaron el equipo que abrió nuevos estilos en nuestro sindicalismo junto a un grupo no menos valioso, sobre todo los hermanos Norberto y Federico Cintrón Fiallo

Es entonces, con ya una experiencia vivida en la huelga de la General Electric en Palmer en 1969-70, que al presidente Nixon se le ocurrió decretar la congelación de los convenios colectivos y sus beneficios, incluyendo a Puerto Rico, se produjo el informe Tobin en 1975.

Antes de eso, en agosto de 1971, el presidente de los Estados Unidos, Richard Nixon, decretó una orden ejecutiva en la que establecía un estricto control de precios con el supuesto propósito de detener la inflación que ya estaba sufriendo la economía en el régimen capitalista estadounidense. El plan federal incluía la congelación de los convenios colectivos de los sindicatos, tanto los ya firmados como los que estaban en proceso de negociación. Ello produjo una reunión extraña y única, irrepetible del liderato sindical, convocada por Pedro Grant, que se celebró en esos mismos meses de principios de la década del setenta en el local de la Amalgameted Meat Cutters, en Caparra. Este sindicato lo dirigía un norteamericano liberal, Peter Huegel. Yo estuve presente.

Habían transcurridos muchos años, con alguna que otra excepción menor, en que no se reunía el liderato sindical, ya que era la época de la hegemonía de las uniones de la AFL-CIO en la isla, cuyo liderato se agrupaba en el Central Labor Council. Duro adormecimiento sindical, mezcla de intereses sindicales. Se reunieron líderes tan dispares como Pedro Grant, Keith Terpe, Luis Enrique "Kike" Pagan, Armando Sánchez. Juan B. Emanuelli, Chepo Caraballo, Arturo Figueroa, Ralph Quiñones, Ernesto Diaz, Víctor Rodríguez. Norberto Cintrón Fiallo y William Valentín.

Ese liderato obrero acuerdo acudir a Washington para solicitar la exclusión de las uniones de Puerto Rico de la congelación de convenios. Se logró el objetivo. Ello resultó en un triunfo que nos da el dulce sabor de la victoria del esfuerzo unitario como una posibilidad que se iría depurando en las contradicciones insalvables entre las uniones de los Estados Unidos y las uniones independientes, en lo que vinimos a conocer como *nuevo sindicalismo*, que sí fue afirmativamente nuevo, distinto, comprometido hasta el final, democrático, participativo. Honesto militante hasta las entrañas y dispuestos a cambiar el estado de abuso y adormecimiento en que nos habían metido las uniones de los Estados Unidos, bajo el padrinazgo desde 1950 de Luis Muñoz Marín y su Operación Manos a la Obra.

Previo a la formalización del MOU, que fue un proyecto secreto diseñado desde la Secretaría de Asuntos Sindicales del MPI, como un instrumento de Unidad Sindical, básicamente de uniones independientes, las reuniones para dicha formalización resultaron en disputas sobre la cantidad de votos por unión vis a vis su membresía, en que las mal llamadas uniones internacionales de la AFL- CIO se quisieron imponer, lo que propició su salida de las reuniones. Se despejó el camino para que el MOU se constituyera en una organización de uniones independientes radicalizadas de izquierda, que con la activa participación de los cuadros del PSP y de otros compañeros como Norberto y Federico Cintrón, fuimos eliminando uniones de los Estados Unidos en la industria de la construcción, petroquímicas, aeropuertos, comunicaciones, transportación, en medio de procesos muchas veces violentos en los que la asistencia de valiosos cuadros de la lucha política del país (PSP) fue definitoria.

Grandes jornadas huelguísticas en industrias privadas y de gobierno fueron coordinadas a través del MOU, pues tuvimos la habilidad y la influencia de reacomodar negociaciones de distintos convenios para que coincidieran entre sí y lanzarnos a las huelgas de forma coordinada. UTIER, en su primera huelga en 30 años, Bomberos, Maestros, recogedores de basura en San Juan, Unión de Acueductos, torbellino huelguístico que obligó al gobierno a movilizar a la Guardia Nacional en dos ocasiones. También dejó una estela de muertos y heridos de ambos bandos.

Fueron ocasiones en que también chocamos con las fuerza militares y policíacas del régimen. Se activaron contra nosotros dos Escuadrones de la Muerte de la policía. Nos arrancaron vidas valiosas. Alejo Maldonado y el Negro Andrades, José López, jefe de los alguaciles federales[49], citaciones ante el Gran Jurado Federal por lo que algunos de nuestros líderes para encarcelarlos. Guillermo Bobonis fue el primer Director Ejecutivo del MOU. Federico Cintrón el segundo, y este servidor, el tercero. Norberto Cintrón resultó preso, como también Federico más adelante, acusado de robo bancario. A mí me citaron en dos ocasiones y nunca comparecí.

La Junta Nacional del Trabajo de los Estados Unidos en Puerto Rico, organismo creado por la infame Ley Taft Hartley, ejerció todo su poderío imperial aplicando disposiciones que antes no había usado contra el movimiento obrero. Se activaron bufetes de abogados patronales, envalentonados contra el movimiento sindical, destrozando derechos sindicales. La División de Inteligencia de la policía, que contaba con una subdivisión Laboral, intervino de forma directa en las elecciones sindicales, arrestando al liderato de las uniones el mismo día de las elecciones sindicales. Campeaban por sus respetos las mafias antisindicales de rompehuelgas, tales como la Security Associates, rompiendo las huelgas con maleantes de todo tipo con el apoyo explícito de la Policía. Se produjeron múltiples allanamientos a nuestras oficinas, muchas veces sin órdenes. Organizaciones de derecha, con el amparo oficial, colocaron bombas en nuestras

---

[49] José López, alguacil federal de Puerto Rico, fue removido de la isla por los Estados Unidos debido sus prácticas poco decorosas.

oficinas. Los encarcelamientos sin justificación alguna se producían a diario. En todo ese escenario se desenvolvió el MOU, con un gran respaldo de los cuadros del PSP. Afirmo, con pleno conocimiento, que la mayoría de los cuadros políticos de diversas organizaciones, incluyendo el PIP tímidamente y otros no tan tímidos, convergieron y fueron parte de este proceso unitario que se nos tornó cruento y doloroso en ocasiones.

Creamos una Escuela Sindical, con la dirección de Doris Pizarro, un Bufete Sindical bajo la dirección de los queridos compañeros Luis Escribano, Pepo Carreras, Reinaldo Pérez, Paul Schacther, con un fuerte respaldo del Center for Constitutional Rights de la ciudad de Nueva York.

Nuevos procesos organizativos, acuerdos con uniones más allá del MOU como fue siempre el caso de la Unión de Tronquistas. Coauspiciamos otras organizaciones, como la Comisión de Unidad Sindical que dirigí como su Secretario General, que agrupaba aquellas uniones que no ingresaron al MOU por distintas razones, entre las que se encontraba la Federación de Maestros. Participamos, en 1974-1975, Pedro Juan Vélez y yo de las primeras reuniones con el gobernador Rafael Hernández Colon y Federico Hernández Denton (entonces asistente del Ejecutivo) y el profesor David Helfeld, sobre el Proyecto de Sindicalización de Empleados Públicos.

Celebramos a partir de 1971 (medio siglo ha transcurrido) los Primeros de Mayo más masivos que jamás tuvo esta lucha sindical intensa, **no como celebración de efemérides, sino como día de combate del proletariado internacional**. Abrimos la comunicación Internacional con Centrales Sindicales de todo el planeta, en especial con la Federación Sindical Mundial, de la que fui agregado a los 24 años, el más joven en toda la historia de esa organización. Relaciones con el Congreso Permanente de Unidad Sindical de los Trabajadores de América Latina (CPUSTAL). Enfrentamos la Central Latinoamericana de Trabajadores de América Latina (CLAT), que dirigía Eduardo García Maure, un cubano con deudas pendientes en Cuba por sus actividades terroristas. Esta era la Central Unitaria que pretendió la Agencia Central de Inteligencia de los Estados Unidos, la CIA, **fuera el contrapeso del auge de las Centrales Latinoamericanas de izquierda fuertemente reprimidas por los regímenes militares**. **Sufrimos la primera ilegalización de una unión obrera en Puerto Rico** por parte del gobierno de los Estados Unidos. La Unión Nacional de Trabajadores, de la que yo era uno de los dirigentes, fue fuertemente reprimida y prohibida. Me condenaron a seis meses de prisión, al convertir una supuesta práctica ilícita de trabajo, lo que es un asunto puramente administrativo, en un delito criminal, **caso único en la historia**, que no se ha repetido desde el 1947, año de la aprobación de la ley Taft Hartley.

Pese a todo ello el trabajo sindical unitario echó raíces profundas...

¿En qué fallamos? Podría decir que fuimos en ocasiones prepotentes, pecamos de sectarismos por inmadurez, pero sin dudas fuimos exitosos. En la misma medida en que el PSP fue abandonando su práctica de apoyo sindical y empezaron a regañarnos, surgieron las divisiones que no tardarían en cobrar vida en renuncias y expulsiones de los dirigentes sindicales y obrero pesepeítas.

En mi opinión personal, pues fui objeto de estas consecuencias, el liderato del PSP, influenciado negativamente por figuras como Carlos Gallisá y su práctica electorera cómoda, el PSP se fue apartando del resto del movimiento obrero, ante las exigencias crecientes de una lucha sindical con sus ramificaciones que cada vez se tornaba más cruda y de mayor exigencia patriótica. **La concepción de clase burguesa prevaleció en contra de la lucha sindical, que perdió su apoyo político y sin lo cual el sindicalismo no termina en otra cosa que en el adormecimiento del filo de la navaja de la lucha de clases. Sustituyó al MOU un esfuerzo unitario más tímido en la Central General de Trabajadores, de la que fui su primer Secretario General.** Al compañero Angel M. Agosto y la Secretaria de Asuntos Sindicales le debemos mucho en la conducción política sindical de esa época. No se ha repetido otro ensayo como el MOU. Que las nuevas generaciones conozcan de esta Jornada Exitosa única en nuestra historia sindical. Me honro en haber participado de la misma. Mis profundos respetos a toda una generación de hombres y mujeres comprometida con sus vidas, con su libertad personal con un gran entusiasmo y solidaridad. Faltaríamos a la verdad si no reconocemos que en esa época una organización armada clandestina, los Comandos Armados de Liberación (CAL), sentó presencia en apoyo a diversos movimientos huelguísticos **inclinando el balance de fuerzas en favor de los trabajadores.**

Capítulo 5

Ley Taft-Hartley

La ley Taft-Hartley es la Ley Nacional de Relaciones del Trabajo estadounidense aprobada en el 1947. Tenía el propósito de detener el auge sindical en los años de la post guerra y para que el movimiento obrero no interfiriera con los planes de expansión del capital norteamericano. De la segunda guerra mundial los Estados Unidos salieron como primera potencia del capitalismo, ya que sus rivales europeos estaban destruidos. Al lanzarse a la conquista de los mercados mundiales, necesitaban un movimiento sindical domesticado. Así las cosas, nos aplicaron la ley por las mismas razones en un modelo económico favorable al imperialismo, papel clásico de una colonia clásica.

Desde el 1947 al presente ha sido enmendada en muy

Sede de la ONU

pero que muy pocas veces. Es la ley que creó la Junta Nacional de Relaciones del Trabajo y es conocida por las dificultades procesales que impone para organizar trabajadores de la industria privada. Es la segunda agencia civil más grande de los Estados Unidos, después del Internar Revenue Services (IRS).

Es realmente una camisa de fuerza al crecimiento del movimiento sindical. Uno de los objetivos político sindicales de la UNT lo fue el denunciar y combatir la aplicación de dicha ley en Puerto Rico. Esta denuncia alcanzó una preeminencia internacional ante el comité de descolonización de las Naciones Unidas, en ponencia presentada por Juan Mari Brás, debido al embate continuo del gobierno federal contra nuestras luchas sindicales.

Para ello se desarrollaron campañas de denuncia a lo largo y ancho del país, seminarios sobre la misma, impugnación de sus procedimientos internos en sus procesos administrativos en las vistas de representación que se llevaron a cabo, así como el organizar los trabajadores al margen de la ley misma como un acto de fuerza de los trabajadores y desconocer las ordenes de la junta allí y donde estas atentaran contra las campañas de organización sindical. El choque adquirió dimensiones históricas únicas en su clase tanto en los Estados Unidos como en Puerto Rico.

El compañero Juan Mari Brás habla a un grupo de obreros

La UNT creció y organizó cerca de 5,000 trabajadores en espacio de dos años, superando por mucho a la organización de mayor crecimiento organizativo en aquella época, la Unión de Tronquistas. Ello nos ganó sus respetos de una manera que desemboco en una alianza sindical conocida como el Pacto de No Agresión y Solidaridad. Dicho Pacto fue firmado en un hotel de Isla Verde por Arturo Grant, presidente de la UNT, Enrique Pagán, Secretario Tesorero de los Tronquistas, y Pedro Grant, por la UGT. Hablaremos más adelante de este Pacto y sus luchas en contra de la piratería sindical de las uniones internacionales contra las independientes de Puerto Rico, pues abrió las puertas a la integración posterior de un destacado grupo de compañeros progresistas a la Unión de Tronquistas, vedada hasta ese entonces a la izquierda.

Lo cierto es que la militancia de la UNT y sus constantes desafíos a la ley Taft-Hartley no dejaron de llamar la atención de las agencias de inteligencia de los Estados Unidos en la Isla y de la Policía de Puerto Rico. La División de Inteligencia de la Policía era la encargada de vigilarnos todo el tiempo. Para aquella fecha la dirigía Desiderio Cartagena. Arreció la represión en la medida en que se incrementó el nivel y el tono de los desafíos a las leyes anti obreras.

Colocaron bombas a nuestras oficinas y realizaron allanamientos dirigidos por César Andrades, Alejo Maldonado y Enrique Sánchez, notorios delincuentes en uniformes policíacos y sus Escuadrones de la Muerte. Atentados a la vida, citaciones a dos *Gran Jurys*, exilios forzados. Para entonces yo era el Secretario General de la UNT y su voz pública más reconocida. De ahí lo que ocurrió a continuación.

José López, jefe de los alguaciles federales (The US Marshalls), formó parte de este grupo de corruptos y perseguidores policíacos que intervenían constantemente con nosotros. Es conocida las relaciones de José López con elementos del bajo mundo y de la derecha cubana en el exilio en la compraventa de metralletas. También es de conocimiento general sus relaciones con elementos de la Marina de Guerra de los Estados Unidos destacados en Vieques en esa época.

Juan B. Torruella

Planearon la colocación de bombas a entidades progresistas y solidarias con la lucha contra la Marina en Vieques. Entre ellas, cabe mencionar al Colegio de Abogados, que fue atacado por esas fuerzas terroristas de derecha.

Las autoridades de los Estados Unidos no tuvieron más remedio que forzar su traslado fuera del país. José López se jactaba de haber sido movilizado a combatir la insurrección india de Wounde Knee. Este delincuente participó allí como franco tirador experto.

Tales eran los niveles diarios de peligrosidad en medio del ya de por sí dificultoso proceso de organizar en el movimiento sindical. LA UNT, como parte de sus estrategias de desafío, violó de forma consistente y a sabiendas las órdenes emitidas por la JNRT, así como los interdictos que la Junta lograba que los tribunales federales le aprobaran en contra nuestra. Como consecuencia, se colocaban a nuestras espaldas los alguaciles federales y sus constantes arrestos, en mi contra sobre todo.

Los abogados laborales más destacados de la época por sus tácticas de poca nobleza legal eran el hoy Juez Torruellas, Alan Randall y el bufete de Antonneti Vargas. Todos compartían de común acuerdo el odio contra la UNT y el

Alejo Maldonado, perseguidor de sindicalistas

hecho de que todos fueron abogados de la JNRT antes de representar patronos. La misma animosidad la exponían hacia la Unión de Tronquistas.

Para 1973 se desarrolló un conflicto huelguístico entre la UNT y la compañía WERL Construction. El abogado era el hoy remozado y liberalizado Juan B. Torruella, más tarde nombrado por el Presidente de los Estados Unidos Juez Federal en Puerto Rico y posteriormente Juez del Primer Circuito de Boston. Como parte de sus noblezas sindicales de la época Torruella contrató por primera vez en la Isla a una compañía privada de seguridad especializada en romper huelgas y golpear a los huelguistas y sus líderes, de causar problemas y tomar fotos y películas que luego llevaban a los tribunales para encarcelarnos: la notoria Security Associates. Esta entidad represiva tuvo una connotada participación en el conflicto de la Ponce Cement. Estaba integrada por matones y trúhanes a sueldo, armados legalmente al amparo de la Policía y el FBI.

Como producto de la intervención de estos matones y de los varios intentos de romper la huelga (esto es donde hoy se encuentra el estacionamiento del Centro Gubernamental Minillas) se desató una balacera intensa en la línea de piquetes. Cayó muerto a balazos el jefe del grupo pandillero de rompehuelgas. El Presidente de la UNT, Arturo Grant, fue acusado de asesinato. Arturo fue exculpado

> **Resuelto los conflictos en forma administrativa, a la salida de sala ocurrió lo que se ha constituido en el único caso en toda la historia de los Estados Unidos respecto de aplicación de la Ley Taft-Hertley contra el movimiento sindical: fuimos arrestados y acusados de desacato criminal a nivel federal. Me llevaron a prisión. Multaron al compañero Grant a no poder ser electo de por vida al ningún puesto directivo de ninguna unión obrera. De paso, desertificaron la UNT, lo que significó en la práctica la ilegalización del sindicato más combativo del país**

posteriormente, sin llegar ni a vista preliminar, pues el supuesto testigo de cargo de la fiscalía tuvo la valentía de confesar que acusó al Presidente de la UNT bajo presión policíaca, ya que lo amenazaron con deportarlo, pues era dominicano.

Esa noche Ludmilia Rivera Burgos, abogada de Arturo y de la unión e integrante de la Secretaría de Asuntos Sindicales del PSP, fue salvajemente golpeada en su apartamento de Hato Rey por un grupo de hombres que penetró en su habitación mientras ella dormía. Nosotros nunca dudamos que fue una venganza de la Policía de Puerto Rico.

Así las cosas y con esta escalada de violencia fomentada por Torruellas, la JNRT de los Estados Unidos en Puerto Rico acudió a la Corte Federal en busca de una orden para detener la huelga. La obtuvo, pues en aquellos momentos esa era la norma más fácil de represión. Los trabajadores en huelga, decidieron no terminar la huelga. Continuamos adelante con mayor combatividad en las líneas de piquetes, en

Fue la virtual ilegalización de la Unión Nacional de Trabajadores (UNT). Por primera vez en la historia de Puerto Rico un sindicato era puesto fuera de la ley por parte de un gobierno extranjero.

abierta violación del interdicto del tribunal y de las órdenes de prácticas ilícitas del trabajo que la JNRT nos había expedido.

La escalada patronal y las respuestas a la misma llevaron al patrono a negociar finalmente con la unión, dando por terminada la huelga pero no así los procedimientos fundamentados en la Ley Taft-Hartley. Fuimos juzgados en el Tribunal Federal en el Viejo San Juan en lo que aparentaba ser una disposición final de los casos del conflicto con la Werl Construction, que emanaban de violaciones a las órdenes de prácticas ilícitas de trabajo que se nos imputaban, así como de la solución final a la violación del Interdicto. Normalmente la disposición final de las querellas y órdenes de cometer prácticas ilícitas del trabajo se disponen mediante procedimientos de carácter civil, tales como multas, firma de acuerdos de no repetirse las violaciones, publicación de los mea culpas en los periódicos del país, etc.

En el banco de los acusadores se encontraba Juan B. Torruella, diz que como fiscal invitado de la JNRT, para que los ayudaran en los procedimientos condenatorios contra la UNT, Arturo Grant y Radamés Acosta.

Resuelto los conflictos en forma administrativa, a la salida de sala ocurrió lo que se ha constituido en el único caso en toda la historia de los Estados Unidos respecto de aplicación de la Ley Taft-Hertley contra el movimiento sindical: fuimos arrestados y acusados de desacato criminal a nivel federal. Me llevaron a prisión. Multaron al compañero Grant a no poder ser electo de por vida a ningún puesto directivo de ninguna unión obrera. De paso, desertificaron la UNT, lo que significó en la práctica la ilegalización del sindicato más combativo del país. (Aplicaron la Orden Restrictiva Amplia, Broad Order).

Esto es una especie de Interdicto de por vida. La otrora combativa Unión de Tronquistas hoy en día mantiene sobre sus actividades sindicales una orden restrictiva amplia similar a la de la UNT de la cual no han podido salir cuarenta años después. Fui coordinador de Unión de Tronquistas a mediados de los 70, cuando José Cádiz sustituyó a Luis Enrique Pagán como Secretario-Tesorero.

Nadie jamás en toda la existencia de la ley Taft-Hartley había sido encarcelado por una práctica ilícita de trabajo al convertir la misma en un acto criminal. Nadie ha vuelto a serlo al presente por lo que me ocupa tal distinción, que a honor llevo. Me condenaron a seis meses de cárcel, aunque salí a los 90 días.

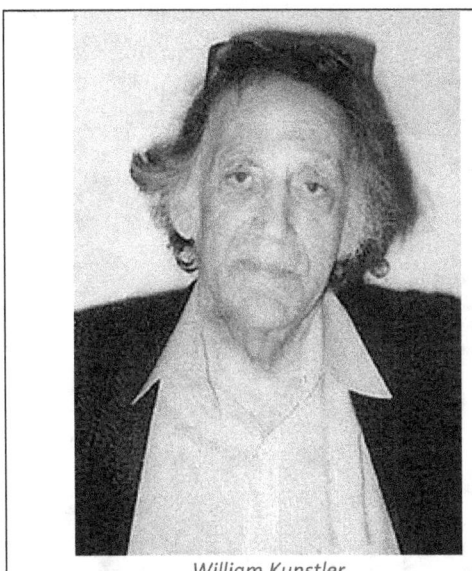

William Kunstler

Fue la virtual ilegalización de la Unión Nacional de Trabajadores (UNT). Por primera vez en la historia de Puerto Rico un sindicato era puesto fuera de la ley por parte de un gobierno extranjero. La ferocidad ideológica de los bufetes patronales activos en estos años alcanzó connotaciones mafiosas. No se detuvieron ante nada para doblegarnos. **Sin embargo, su ferocidad ideológica se convirtió en agua y sal cuando un Comando Obrero, enjuició y ajustició al abogado Alan Randall, el emblemático silencioso, el**

conspirador de las telas de arañas. El mencionado grupo armado lo describió como un agente de la CIA en la Isla.

Después de este ajusticiamiento, por el cual fue acusado nuestro inolvidable compañero Miquel Cabrera Figueroa (QEPD) y posteriormente absuelto, **los demás otrora bravucones abogados patronales salieron, literalmente corriendo. Jamás se volvieron a repetir aquellas prácticas gansteriles.**

Estando en prisión, una mañana cuatro agentes correccionales me sacaron de la celda en la sección de máxima seguridad y me metieron en un cuarto. Pensé que lo peor estaba por comenzar. Para mi sorpresa, me plantearon que ellos sa-

Luis Escribano

bían de mi militancia y conocimientos como organizador

sindical. Querían organizar una unión de guardias correccionales. Necesitaban que yo les redactara su primer reglamento. De ahí nació la que hoy en día es esa unión de guardias penales.

La Junta Nacional de Relaciones del Trabajo trajo de los Estados Unidos a varios abogados que lograron torcerle el brazo a la ley para hacer lo que hicieron. Constituía un precedente que dicho sea de paso nunca se lo hicieron ni se lo han hecho a los gánsteres norteamericanos, que eran y continúan siendo dueños de varias uniones allá.

Cómo lo hicieron, dónde se llevó a cabo la reunión (Hotel Caribe Hilton), quiénes estuvieron presentes y cómo se decidió que yo iría a prisión y el compañero Arturo Grant enfrentaría otras condiciones onerosas de por vida, es un tema de investigación muy vivo al presente.

Estos desafíos y denuncias trajeron nuevas avenidas de trabajo solidario con sectores de la izquierda norteamericana. Abogados agrupados en lo que se conoció como el Center For Constitutional Rights de la ciudad de Nueva York, que contaba en esa época con letrados del prestigio de David Scribner, William Kunstler (destacado en la defensa de Angela Davis y las Panteras Negras), Arthur Kinoy, Mark Amsterdam, Paul Schacther, Liz Scheinerd y Ronda Copeland, rindieron importantes servicios a nuestra lucha nacional y social.

Una de las debilidades del proceso fue que nunca contamos en realidad con una estrategia legal clara para enfrentar los procedimientos que se nos imputaron, lo que dificultó enormemente la defensa en los juicios.

De esa debilidad y necesidad surge el bufete sindical bajo la dirección de Luis Escribano, apadrinado por un fuerte contingente de abogados norteamericanos como Paul Schacter y David Scribner. Paul luego vivirá en Puerto Rico y se destacaría en la defensa de los obreros en huelga de la Ponce Cement. Nuestro movimiento sindical tiene una deuda de gratitud con este gran servidor estadounidense, un representativo del pueblo noble de los Estados Unidos.

Luego se integrarían al bufete los prestigiosos abogados José (Pepo) Carreras, Reynaldo Pérez, Juan Ramón Acevedo y Mercedes Rodríguez.

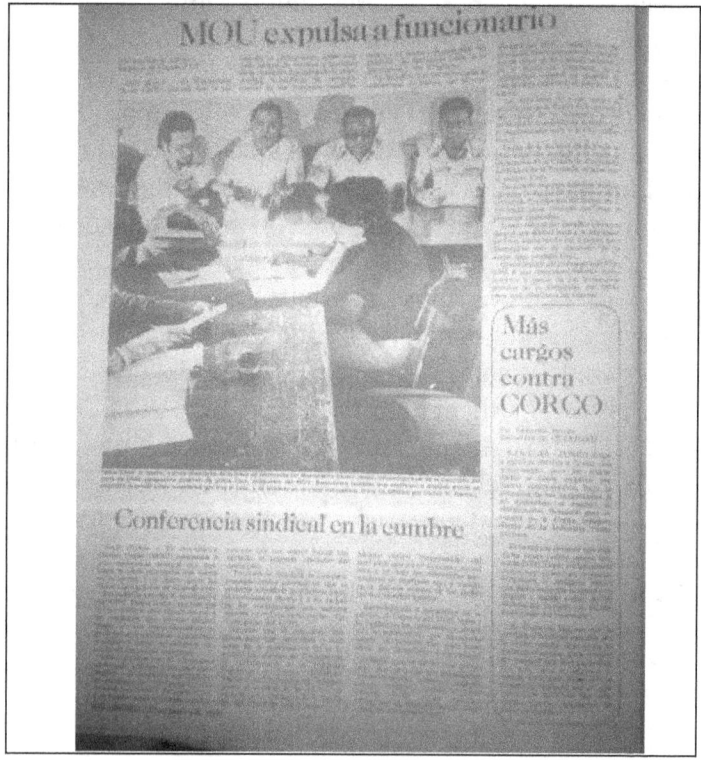

Capítulo 6

Instrumental de la unidad

La UNT fue instrumental en el avance de la unidad sindical en la década del 70. Fuimos fundadores del Movimiento Obrero Unido (MOU), que vio la luz pública el 24 de agosto de 1971, luego del derrumbe de la caricatura de unidad que representó el Sindicato de Líderes Obreros que dirigía el renegado comunista Juan B. Emmanuelli. Esta temprana tentativa de unidad se desploma en ese año ante el anuncio del presidente de los Estados Unidos, Richard

Nixon, congelando todos los convenios colectivos en territorio estadounidense. Ese acontecimiento nos lanzó al ruedo. Lo enterramos en la última reunión efectuada en el local de la Amalgamated Meat Cutters, en Villa Caparra, bajo los auspicios de Peter Hueguel, su representante en la Isla y al cual debo distinguir por ser dirigente honesto y fundador a su vez del MOU. El otrora combativo Armando Sánchez (Packinhouse), uno de los mejores oradores sindicales de esa época, sucumbió con él.

Al calor de la congelación federal de los convenios colectivos treinta uniones fundaron el Movimiento Obrero Unido (MOU), bajo la dirección de Pedro Grant. Lo integraron inicialmente uniones Internacionales e independientes. Logramos que se excluyera a Puerto Rico de la congelación. Fueron realizadas numerosas actividades, entre ellas una ponencia del compañero Pedro Grant ante el Congreso de los Estados Unidos. Comenzó un proceso ardiente de unidad sindical que se fue resquebrajando entre alegatos de participación de las internacionales, la hegemonía que pretendieron lograr y que finalmente conllevó que las mismas, con la excepción de los Boilermakers que dirigían Pedro Grant y Moisés Lebrón, se fueran de la organización.

Quedó el MOU como un reducto de uniones independientes, dominado a su vez por las fuertes disputas ideológicas de sus integrantes, pero sobreviviendo un proceso de intensas huelgas y trabajo sindical en distintos frentes.

La UNT tuvo dos de sus dirigentes en posiciones de liderato en el MOU. Osvaldo Romero Pizarro, nuestro director de Organización fue comisionado como representante del MOU en el área sur, destacándose en los procesos de organización y lucha contra las internacionales petroleras. Sacamos a la Oíl Athomic Workers de la Isla, así como a la BRAC de los aeropuertos, influimos en la radicalización de la UTIER, apadrinamos la creación de la unión de los telefónicos, bomberos, empleados de las salud, entre otras. En la huelga de la Ponce Cement tuvimos una presencia constante y eficaz, bajo la vigilancia Pedro Rodríguez Senquiz, Comandante de la Policía del área sur, por instrucciones de Astol Calero, Superintendente de la Policía, según este confirmara en entrevista a *Claridad* el 1 de Enero de 1975.

A mí me tocó asumir el cargo de Director Ejecutivo del MOU tras el arresto del compañero Federico Cinturón Fiallo, acusado burdamente de robo bancario y posteriormente absuelto. Se organizaron nuevamente las celebraciones masivas del Primero

Federico Cintrón Fiallo

de Mayo, Día Internacional de los Trabajadores. Protestas multitudinarias contra la Ley de Personal, el Informe Tobin, el proyecto de sindicación Helfeld, choques de masas contra la Guardia Nacional que fue movilizada en dos ocasiones por Hernández Colón. Jornadas de Huelgas en los sectores de servicios básicos del gobierno. Trabajo coordinado desde una perspectiva de clase político sindical, los estudiantes, las comunidades, las organizaciones profesionales también fueron impactadas por el trabajo unitario.

Es mucho lo que se discutido sobre el trabajo político sindical. En el caso nuestro todos los dirigentes y empleados de la UNT éramos miembros activos del Partido Socialista Puertorriqueño, la máquina política más estupenda y formidable de la izquierda boricua desde donde se coordinaron cientos de actividades que toda nuestra membrecía allí y donde estuviera implementaba con un entusiasmo, dedicación y compromiso únicos. Ello nos rindió muchísimos beneficios políticos en diversos frentes sindicales.

Con la desaparición del PSP se pierde este enlace estupendo y se comienza a desmoronar un lustro de gloria, como correctamente lo ha llamado el compañero Ángel M. Agosto, quien fuera nuestro Secretario de Asuntos Sindicales y figura central dentro de todo este proceso político sindical de la UNT y en cierto grado maximizado del MOU.

Las causas de la desaparición del PSP no son objeto de estos relatos, pero si me atrevo a afirmar que en la misma medida en que las exigencias que producía la lucha obrera se incrementaban en esa misma medida comenzó a disminuir el compromiso del máximo liderato del PSP, pues al fin y la postre nunca fueron un partido de la clase obrera y si un partido de la pequeña burguesía radicalizada que se desdobló ante las exigencias de su propio trabajo político.

La UNT jugó un papel destacado junto al MOU en la creación de la escuela de Líderes Sindicales conocida como el Instituto de Educación Sindical que dirigió la compañera Doris Pizarro. Proliferaron los periódicos obreros. Se fortaleció la organización sindical mediante la educación.

En el trabajo internacional la UNT desarrolló junto al MOU vínculos estrechos con numerosas centrales sindicales del mundo, entre ellas y con gran prominencia con la Federación Sindical Mundial, a la que asistí como el delegado más joven, a los 24 años. La denuncia de la situación colonial de Puerto Rico y el embate de la legislación norteamericana anti obrera surcaron las revistas sindicales del mundo.

Mi participación en la vida de la FSM, cuando Pedro Grant no podía comparecer, me permitió compartir con dirigentes sindicales de estatura mundial y tenaces luchadores, reconocidos por sus compromisos en contra de las feroces y sangrientas dictaduras latinoamericanas de la década. Entre ellos y de forma destacada, menciono a Roberto Veiga, Secretario general de la Central de Trabajadores de Cuba; Juan Campos, de la Central Única de Trabajadores de Chile y Secretario General de la Federación Sindical Mundial; Enrique Pastorino, uruguayo, Secretario General de la FSM; Ibrahim Zacarías, África, Secretario General de la FSM; Pierre Gensous, Secretario General de la poderosa Central de Trabajadores de Francia; Ignacio Lula da Silva, cuando presidia el castigado y clandestinizado Sindicato de los Metalúrgicos en Brasil, y posteriormente Presidente de ese país; Nélida Marmolejos, de la Confederación de Trabajadores de la República Dominicana; Roberto Prieto, amigo y Secretario General del Congreso Permanente de Solidaridad Sindical de América Latina (CPUSTAL); exilados, senadores chilenos que me llevaron a una noche de rondas de amigos a la casa del Miquel Littín, el famoso cineasta chileno; venezolanos; nicaragüenses sandinistas; los representantes de las famosas Comisiones Obreras de España bajo la dictadura de Franco (esta experiencia en particular me fue exquisita); los panameños, que me llevaron a compartir con su presidente Omar Torrijos, posteriormente asesinado. A todos ellos mi agradecimiento por sus ejemplos y enseñanzas de vida, que me hicieron ser lo que al fin y a la postre logré. Osvaldo Romero Pizarro, mi hermano de este proceso, continuó con esta representación ante la FSM.

LA UNT empujó un proceso que tomó su propio curso, creando a su vez la Comisión Nacional de Unidad Sindical en 1976, de la que fui su Coordinador. Esta entidad pretendía darle cabida organizativa (y así se hizo) a las uniones independientes e internacionales que por sus disposiciones reglamentarias no se podían afiliar al MOU. De ahí pasamos a la creación de la Confederación General del Trabajo (CGT), de la cual fui su primer Secretario General. Con la desertificación de la UNT, que en realidad fue su ilegalización por parte del gobierno de los Estados Unidos, nuestros talleres pasaron a formar parte de la UGT y nuestros cuadros dirigentes pasaron a trabajar en otras uniones en las que continuaron con su trabajo expandiendo el mismo. Yo terminaría mi vida sindical siendo el Presidente de la Unión independiente de Trabajadores de Aeropuertos.

Carta de Renuncia de Radamés Acosta el PSP (Apéndice)

15 de agosto de 1977

Compañero Juan Mari Brás
Secretario General Partido Socialista Puertorriqueño

Estimado compañero Juan:

La presente es para solicitar que usted, instruya a los organismos correspondientes a que se notifique a quienes corresponda hacerlo mi decisión de no continuar siendo miembro del Partido que usted dirige en estos momentos. No voy a entrar en polémicas estériles, sobre si esto puede considerarse o no una renuncia. Sé por mi experiencia política en el Partido que la contestación sería la de que "nadie renuncia a un partido revolucionario". Claro está, todo depende de la concepción de partido a la cual aspiramos como vehículo para dirigir el proceso hacia la toma dl poder por la clase obrera y trabajadores en general. De modo que entrar en este tipo de polémica no es el interés que me anima. Tomar esta decisión tampoco es nada fácil. Durante los últimos anos son muchos los esfuerzos que hemos vertido en el seno del Partido, por cumplir con las encomiendas que el mismo me asignara. Fue en este partido donde comencé a formarme políticamente y a él debo mi escaso desarrollo político. Pido mi separación del Partido consciente de que no me anima ningún antagonismo ni animosidad alguna contra ninguno de sus miembros y mucho menos con su actual dirección con la

81

cual tengo grandes diferencias ideológicas y serios problemas de confianza política. Espero que esta separación no acarree los epítetos de tratarnos como excompañeros de lucha que le han endilgado a otros compañeros que ya recorrieron el camino que ahora emprendo y a los cuales se les ha maltratado y vejado políticamente, en espíritu revanchista, confundiendo la discusión y el debate político con las andadas personales, de carácter político.

Las razones por las cuales solicito mi separación son varias. En primer lugar, considero incorrecto e injusto con el resto de los compañeros militantes de base, el estar en el Partido sin cumplir con ninguna de las funciones que conlleva dicha membresía. Creo firmemente que para militar hay que trabajar y que quien no está dispuesto a trabajar no puede estar en ninguna organización de tipo político al menos como militante. Por otro lado, he observado cómo la actual dirección, que le imputaba al compañero Jenaro Rentas desviaciones de tipo estalinista, ha superado estas desviaciones en forma alarmante y totalmente a la defensiva ante unos reclamos de discusión y diálogo de la inmensa mayoría de miembros del PSP. Ustedes lo han hecho, entiendo, respondiendo a falsas teorías paranoicas y de contrainteligencia y fundamentalmente por sus aptitudes pequeño burguesas caracterizadas por la intransigencia y la falta de diálogo como instrumento de solucionar diferencias. Esta experiencia la sufrí, cuando usted me acusó injustamente de trabajo faccioso, sometiéndome a un proceso disciplinario del cual fui exonerado por falta de peso en la evidencia. Y todo gracias al espíritu detectivesco, frustrado de Sherlock Homes trasquilado de la inteligencia de la independencia que es Alberto

Márquez. Ni aun en las uniones más reaccionarias y abusadoras sea aplastado tanto la discusión interna de problemas cardinales, en espera de un Congreso al cual llegaron solos, sin oposición con la cual debatir, pues han troncado el proceso mismo de discusión que se tiene que llevar a cabo para la celebración de un Congreso con seriedad. Ciertamente, no veo ejemplos de democracia obrera en estos momentos n el seno del Partido. Esta situación es sumamente lesiva no solo para el Partido sino también para la lucha y para usted como dirigente nacional de nuestro pueblo. Tuvo uste en sus manos la más grandiosa oportunidad que se le ha presentado a partido o movimiento revolucionario alguno en Puerto Rico. Si hubiera canalizado como le correspondía, estas intensas discusiones, equilibrando el proceso en forma imparcial y justa hubiéramos extraído como resultado un partido sólido y mayor consolidado. Como dirigente nacional de nuestro pueblo le reconozco la supremacía política en esta lucha en estos momentos, en el plano político de la definición de los movimientos de liberación nacional. Como dirigente del proletariado de este pueblo es que difiero por su falta de contacto con la realidad de la lucha de nuestros trabajadores y de sus necesidades y urgencias, aún cuando teóricamente domina a cabalidad las teorías revolucionarias del proletariado.

Durante mis años como miembro de la Secretaría Nacional de Asuntos Sindicales del Partido fue muy dura la pelea que dimos por adecuar al máximo la lucha sindical con la lucha política y que ambas guardaran la correspondencia necesaria. Lejos de mejorar la situación fue empeorando hasta el día de hoy en que dicha correspondencia es excepcional, sin contarse con el trabajo de día a día que es donde se forjan los sindicatos y los partidos. Cuántas batallas sindicales a las que se pudo haber contribuido exitosamente fortaleciendo la unidad de la lucha partido-sindicato se han perdido por la indiferencia de la actual y pasada dirección.

Esto sin las pretensiones de que el Partido nos haga la lucha sindical. El partido aguerrido, combativo, ágil, capaz de adelantar la lucha a niveles superiores y de sostenerla bajo las más duras condiciones no es el que usted dirige y mucho menos el que aspira a construir. El PSP será un excelente instrumento de liberación nacional, pero no un Partido moldeado para la toma del poder. Manifiesto mi total endoso a la política sindical del Partido que ayudé a forjar, aun y cuando difiero de su implementación y de los dirigentes encargados de implementarla en estos momentos.

Les recomiendo depongan su actitud intransigente y de soberbia, autoritarismo y de aplastar la discusión anulando los organismos del Partido poniéndolos bajo sindicatura, pues el pretender este proceso en forma terrorista es sumamente pernicioso.

Errar es de revolucionarios, así como la rectificación. Personalmente no le tememos a ninguna de estas dos cualidades y si en el futuro tengo que rectificar así lo dejaré saber guardándole el respeto y la camaradería que usted se merece.

Le adelanto, que por mi estrecha vinculación que todavía se me guarda respeto a Partido, circularé entre varios dirigentes sindicales progresistas copia de esta renuncia a los fines de deslindar los campos de mi membresía política. Hasta la próxima, siempre a su disposición y dispuesto a la defensa de todas nuestras instituciones de lucha, incluyendo a su partido y Claridad.

Queda de usted,

Radamés Acosta Cepeda (firmado)
Sindicalista

Algunos títulos publicados:

El hombre del tiempo ángel m. agosto
Lustro de gloria ángel m. agosto
Intrigas desesperadas ángel m. agosto
Rutina rota ángel m. agosto
5 ensayos para épocas de revolución ángel m. agosto
Voces de bronce ángel m. agosto
Horror blanco ángel m. agosto
Relatos por voces diversas Cómplices en la palabra
Déjame decirte algo Cómplices en la palabra
En los límites Evaluz Rivera Hance
Lo que dice el corazón Evaluz Rivera Hance
Transversándome José Enrique García Oquendo
Emociones, versos y narrativa Grupo Cultural La Ceiba
El proceso político en Puerto Rico ángel m. agosto
ANA, auténtica forjadora de valor Ana Rivera
Angustia de amar Ana Rivera
Sindicalismo en tiempos borrascosos Radamés Acosta
Desde la sombra la luz William Morales Correa
Tinto de verano Anamín Santiago
Caroba Juan de Matta García
La brújula de los pájaros José Ernesto Delgado Carrasquillo
Esperaré en mi país invisible Mariela Cruz
Mancha de plátano Mariela Cruz
Loíza, desde El Ancón a tu Corazón Madreselvas de Puerto Rico

Los molinos de doña Elvira Luccía Reverón
Un vistazo a la tierra de los mil dioses Armando Casas Macías
Oscar hecho en poesía Poetas en Marcha
Soy un millar de vientos ángel m. agosto
25 de julio Roberto Tirado
En mi vientre oscuro Anamín Santiago
Del MPI al PSP, el eslabón pedido ángel m. agosto
Teatro oculto en "La Sataniada" de Alejandro Tapia y Rivera
Anamín Santiago
Años de fuego, periodismo de combate (1971-76) ángel m. agosto
Abuela Itzé Norma Medina Carrillo
La madre asesina Yván Silén
Me quedo con las mujeres Juan González-Bonilla
Juan Mari Brás: ¿el estratega de la independencia? ¿El socialismo una consigna? ángel m. agosto
¡Cinco van...! ángel m. agosto
Cuchirrican Violeta Louk
Lo que nos dejó el camino Francheska Lebrón
La locura de Parsifae Yván Silén
La madre asesina Yván Silén
Omega Yván Silén

LA CASA EDITORA DE PUERTO RICO

LA CASA EDITORA DE PUERTO RICO

LA CASA EDITORA DE PUERTO RICO

LA CASA EDITORA DE PUERTO RICO

LA CASA EDITORA DE PUERTO RICO

LA CASA EDITORA DE PUERTO RICO

LA CASA EDITORA DE PUERTO RICO